OSSAD ADA

Aux souvenirs d'une vie...

OSSAD ADA

Aux souvenirs d'une vie...

Pour mon amour

Éditions Muse

Imprint
Any brand names and product names mentioned in this book are subject to trademark, brand or patent protection and are trademarks or registered trademarks of their respective holders. The use of brand names, product names, common names, trade names, product descriptions etc. even without a particular marking in this work is in no way to be construed to mean that such names may be regarded as unrestricted in respect of trademark and brand protection legislation and could thus be used by anyone.

Cover image: www.ingimage.com

Publisher:
Éditions Muse
is a trademark of
Dodo Books Indian Ocean Ltd., member of the OmniScriptum S.R.L Publishing group
str. A.Russo 15, of. 61, Chisinau-2068, Republic of Moldova Europe
Printed at: see last page
ISBN: 978-3-639-63573-7

Hommage à mon père.

Quand on perd ceux qu'on aime il faut du courage pour les garder en soi.

Je t'aimais quand tu es parti et je t'aime toujours et tu sais quoi ? l'amour se fige dans les moments comme ça.

Le chagrin finit par s'atténuer comme certains souvenirs mais l'amour non.

MODERN LOVE

Ma consolation est le fait que tu as mené une vie intègre durant toute ton existence.

Chaque instant de ta vie est comme un livre sur un chemin vers l'amour, la compassion, le succès et la réussite.

OSSAD ADA

L'IDÉE D'UN CENTRE CULTUREL TOUAREG TUMAST à BAMAKO EST NÉE UN 10 OCTOBRE 2001 ET L'INITIATEUR DE CE CENTRE EST NÉ UN 12 OCTOBRE. QUELLE COÏNCIDENCE ?

Je suis un rêve...

TUMAST C'EST :

CHAPITRE 1

13 ANS de vie…

- 13 ans d'actions en faveur de la sauvegarde, la transmission et la vulgarisation du patrimoine matériel et immatériel Touareg.

- 13 ans de combat au profit de la cohésion sociale, du partage et du vivre ensemble.

- 13 ans de brassage interculturel

Le centre culturel de référence TUMAST de Bamako est purement promotionnel, social et non racial et l'objectif premier est la consolidation des actions de solidarité au sein des communautés d'ici et d'ailleurs afin de créer des liens solides entre les différentes ethnies du Mali.

CHAPITRE 2 : VALORISONS NOTRE PATRIMOINE CULTUREL.

Valorisons notre patrimoine culturel, objectif essentiel de notre épanouissement socioéconomique.

Le Centre Culturel Tumast de Bamako a été initié pour mettre en avant les valeurs sociétales de la culture Tamasheq à travers des actions de portée nationale et internationale pour les bien-être de la communauté.

Nous cultivons au sein du CCTUMAST la culture de la paix, de la cohésion sociale, de l'amour, de la joie, de la solidarité, de la mutualité, de l'entraide pour poursuivre le bien et l'idéal de vivre ensemble quelques soient nos différences.

Quand des figures d'autorité d'une communauté donnée - parents, enseignants, religieux, responsables divers -ne savent pas éduquer ni canaliser cette projection de soi, les frustrations s'accumulent comme la vapeur, exposant ainsi les sociétés au désordre social, à la guerre civile, à la guerre tout court.

Nous devons être solidaires pour aboutir à l'essentiel : le développement.
Le développement est une clé de la culture de la paix.

Ce qu'il s'agit de développer, ce ne sont pas d'abord des ressources matérielles, mais des ressources humaines. Il faudra pour ce fait assurer la promotion des nouvelles générations, leur accès à une éducation de qualité, une conscience nationale forte pour le bien-être de l'ensemble de la population sans distinction aucune.

Ce type de développement renforce la paix dans le pays et l'amour aux sein des communautés dans le respect : l'individu est assuré de trouver chez lui, dans sa famille, son clan, sa région, son pays - un tremplin vers le monde.

LA CRITIQUE EST NORMALE DANS LE JEU DÉMOCRATIQUE.
MAIS LA HAINE ET LA VIOLENCE NE DOIVENT JAMAIS ÊTRE ACCEPTÉES.
ELLES AFFAIBLISSENT LA DÉMOCRATIE.

CULTIVONS LA PAIX DANS LE DIALOGUE ENCORE ET ENCORE, MALIENS DE TOUS LES HORIZONS.

AMOYACK TUMAST

CHAPITRE 3 : LA PAIX !

Le Mali a besoin de la Paix et cette paix ne peut se faire toute seule.
Elle doit être une paix conjuguée, une paix partagée avec et par l'ensemble des filles et fils du Mali. Certes aujourd'hui la nation malienne se cherche mais ne peut trouver la clef de sa solution que par le biais de l'écoute et du dialogue. Nos valeurs sociétales sont un atout pour enclencher un fora d'expression libre et consensuel pouvant aboutir à une plateforme de dialogue, de paix et de vivre ensemble dans un pays en souffrance. Le Mali souffre, les enfants du Mali souffrent, les amis de champ souffrent, la communauté internationale souffre, les partenaires souffrent bref le monde souffre et nous regarde sans pour autant comprendre ce qui nous arrive.

Peuple du Mali, jeunes du Mali, femmes du Mali, soyons unis pour briser la glace en se donnant la main pour barrer le chemin à l'invisible

De Kayes à Kidal, rien ne peut et ne saurait nous diviser si nous sommes unis et cette union ne peut aboutir que si et seulement si nous nous mettions en cause en nous regardant en face pour enfin se dire la vérité, fondement essentiel de ce qui nous divise.

Tous les enfants du Mali sont unis car nous sommes ce pays où la diversité constitue une réalité universelle que beaucoup de pays envient ;
La force du Mal nous guette, c'est à nous de prendre le devant pour souscrire ce mal récurrent afin de faire de ce pays un pays de paix, de partage et de vivre ensemble.

Reconnaissons nos erreurs et nos torts et avançons pour le bonheur de la nouvelle génération.

CHAPITRE 4 : SAVOIR POUR COMPRENDRE

VOIR POUR SAVOIR, SAVOIR POUR COMPRENDRE (devise de Tumast).

Crée par l'APROCAT (Association pour la Promotion de la Culture et de l'Artisanat Touareg) en 2017 et passé sous la coupole de la COOPSPCMIT/TUMAST (Coopérative pour la Promotion et la Sauvegarde du Patrimoine Culturel Matériel et Immatériel Touareg / Tumast) en 2009 ,le Centre Culturel Tumast est un organe qui œuvre non seulement pour la promotion de la culture Touareg dans un ensemble communautaire mais aussi pour l'épanouissement socioéconomique des acteurs culturels de toutes les Communautés maliennes d'une part et des communautés sous régionales d'autre part.

Centre d'expression culturelle et artistique, de formation, d'orientation, d'échanges culturels mais aussi centre de dialogue, d'écoute, de cohésion sociale, de vivre ensemble, de partage et de brassage intracommunautaire et interculturel. Créer pour faire connaitre la culture des grands espaces au reste des maliens mais aussi à amener les différentes communautés à mieux vivre ensemble et mieux se connaître pour avancer positivement main dans la main.

Le Centre Culturel Tumast n'est pas une Entreprise Commerciale mais une Entreprise Sociale d'économie Sociale où la personne est le nombril de sa raison d'être
Sous la tutelle du Ministère du Développement Sociale et de l'économie solidaire, affilié aux ministères de la culture et de l'artisanat, le-centre culturel Tumast apolitique par essence est un pont non seulement entre le Nord et le Sud mais aussi un creuset de découverte de l'autre.

CHAPITRE 5 : À sauvegarder, promouvoir, valoriser, transmettre et vulgariser. CCT

Attacher le turban est tout un art et toute une symbolique pour les hommes du Nord.

Dans nos sociétés africaines, les éléments culturels sont d'un ancrage intemporel. La culture et les traditions se transmettent de génération en génération avec des significations et des symboles à l'épreuve du temps. De même que les femmes ont chacune leur manière de se tresser les cheveux et de porter le voile, les hommes se parent en portant le turban.

De même que l'on reconnait un cowboy à son chapeau, on reconnait l'appartenance ethnique d'un homme à son turban. Au nord du Mali, les Touaregs (Kel tamacheq), les Songhays et les Peulhs le portent pour se protéger du soleil, du froid et des tempêtes de sable, très fréquentes dans la zone. Mais pas seulement.

Au-delà de son utilité pratique, le port du turban revêt un caractère symbolique plus ou moins identique chez ces différentes communautés. Chez les Kel tamacheq, il est un élément d'identité commun à toute la communauté. Le porter signifie avoir franchi une étape, indispensable même de nos jours pour acquérir le respect au sein de la société. C'est à l'âge de 18 ans généralement que le jeune Touareg est enturbanné pour la première fois, lors d'une cérémonie rituelle organisée souvent à son insu. Pour mériter sa place dans le cercle des adultes, il lui faudra démontrer ses qualités d'endurance face à la nature, sa dignité d'homme et sa capacité à tenir son rang.

Le chèche de couleur blanche, appelé Ashash, et l'indigo, appelé Alasho, dont les longueurs varient, sont les turbans les plus spéciaux. Le premier est porté en signe de respect et le second lors de l'intronisation d'un chef ou les jours des fêtes. Pour se marier il faut au préalable avoir été enturbanné.

Traditionnellement, l'homme ne quitte jamais son turban qui « recouvre les oreilles parce que l'homme ne doit pas prêter l'oreille à tout. Il recouvre aussi la bouche, pour que celui qui le porte ne dise pas n'importe quoi » décrypte une fin connaisseuse de la culture touarègue. Dans cette société conservatrice, rester tête nue n'est pas digne d'un adulte.

Ces valeurs sont partagées par les Songhays, chez lesquels le turban est un héritage à sauvegarder et à transmettre avec fidélité. Dans les villages, malgré le vent secouant de la modernité, la coutume est conservée. « A Tombouctou, la cérémonie d'enturbanage est souvent associée à celle du mariage, pour des raisons économiques. Le marabout récite quelques versets du Coran sur le turban avant de le mettre sur la tête du jeune homme, qui accède de ce fait au cercle des adultes », raconte Mohamed Touré, une personnalité de Tombouctou elle-même jadis enturbannée de la sorte.

Chez les Peulhs, « un homme sans turban est un homme mal habillé », affirme M. Barry, un doyen de la communauté. Sans exigence véritable sur l'âge, les jeunes bergers commencent à porter le turban dès 13 ou 14 ans. C'est au cours d'une cérémonie qu'on enturbane le jeune Peulh, qui sera ensuite appelé « Alpha » pour avoir appris le Coran par cœur.

MERCI FAIZA SEDDIK POUR L'ÉBAUCHE SUR LE RÔLE ET LE STATUT DE LA FEMME TOUARÈGUE DANS SON MILIEU.

LE STATUT DE LA FEMME CHEZ LES HOMMES BLEUS :

Bien que la plupart des Touaregs soient de confession musulmane, ils ont préservé certaines de leurs coutumes, dont la monogamie. La femme touarègue jouit d'un statut privilégié dans la mesure où elle bénéficie d'une autonomie et d'une écoute au sein de la société. La tente lui appartient et, en cas de malentendu entre les époux, l'homme sera chassé par la maîtresse des lieux.

Chez les Touaregs la charpente de la société est structurée autour de la femme. Elle est la matrice de cette culture. C'est de la lignée maternelle que se transmettent les pouvoirs qui sont ceux d'une aristocratie guerrière.
Dans l'institution maritale, elle joue le rôle central depuis le mariage, jusqu'à l'éducation des enfants en passant par la gestion du foyer. La femme touarègue a non seulement droit à la propriété, mais tout ce qui matérialise la cellule familiale lui appartient en commençant par la tente et son contenu.

En cas de séparation, l'homme n'a droit qu'à son apparat au sens strict du terme. C'est lui qui part du foyer et la laisse intacte pour être livré à l'incertitude.
« Sans exagérer, l'homme touareg est perçu ici comme simple géniteur et pourvoyeur des moyens matériels de subsistance. Il affronte les dangers de par sa constitution physique et son penchant naturel et les acquis de sa féroce lutte contre la nature sont confiés à l'intelligence subtile de la femme pour les gérer et les préserver de la déperdition ».

La femme touarègue est aussi le support sur lequel repose toute la vie économique et l'avenir de la communauté. Elle propose les alternatives, gère et encadre le campement à l'absence de l'homme et participe à toutes les décisions en sa présence.

LES ATOUTS CULTURELS DE LA FEMME TOUARÈGUE :

L'avis de la femme a toujours été sollicité et pris en compte dans les grandes décisions qui ont donné un sens et un contenu à la vie de cette société.

Bien longtemps avant la conférence de Beijing, la femme touarègue a eu accès à la propriété, à la liberté d'être, d'expression, de choisir son partenaire et d'être à l'abri des sévices corporels. Pour préserver ce fondement culturel de cette société, un code de conduite dénommé « Asshak » a été institué et imposé aux hommes. Dans cette démarche éthique morale, l'homme doit gérer son avantage physique afin de ne pas en abuser sur la femme et les faibles de la société. Cette règle garantit la totalité des droits de la femme et fait d'elle le facteur anoblissant l'homme. L'homme qui déroge à cette règle n'est plus noble et est déchu de ses droits. Il est banni. Ce sont les femmes qui prononcent cette exclusion. Quel est l'homme touareg qui risquerait de ne plus être chanté par ces belles voix à son retour lors des séances musicales d'imzad, que fera-t-il pour maintenir leur grâce, même s'il lui faut se surpasser ? Aujourd'hui encore, le plus grand sacrilège dans la société touarègue est de porter la main sur une femme et les insultes à son égard sont fortement réprouvées. Aucune atteinte à son intégrité physique, morale et spirituelle n'est tolérable.

(Pour cela et pour une question de pudeur, et certainement plus par respect de la femme, la question de la virginité de la jeune mariée au moment de la consommation du mariage est couverte par un silence explicitement approuvé).
Le jugement de la femme est redouté.

Elle est régulatrice du comportement dans la société. Pour ce faire, l'homme a intérêt à apparaître à ses yeux courageux, généreux et infaillible. À cet effet d'ailleurs, devant une situation difficile quelconque, que ce soit sur le champ de bataille ou dans la vie de tous les jours, le jeune touareg ne pensera jamais aux conséquences de son comportement sur sa propre personne, mais plutôt ce que diront les jeunes filles au campement.
Avant de rejoindre son mari, l'épouse touarègue a toujours disposé d'une tente, de meubles et d'animaux de traite selon les capacités de ses parents.

Elle rejoint son mari avec un capital qu'il doit préserver, voire fructifier en accord avec celle-ci. Il convient de préciser que dans le mariage, c'est le régime de la séparation des biens qui prévaut. Aucun mari ne peut disposer des biens matériels inaliénables nommés ébawel de son épouse sans son consentement. La femme touarègue choisit son mari, ou alors la famille le choisit avec son accord.

Sa préférence est prépondérante même si elle doit obéir elle aussi à des critères qui préservent la dignité et l'honneur de la famille, de la tribu ou de la fédération. Sa dot est toujours équivalente à celle qui a été donnée à sa mère et quelques soit le nombre de mariages, elle a droit à la même dot.

Contrairement aux autres femmes nigériennes, sa dot ne se déprécie jamais. Dépositaire de la culture et de la tradition, la femme touarègue a en charge entre autres, de transmettre la langue et l'écriture touarègue « Tifinagh » aux générations montantes. Ainsi, la femme touarègue s'occupe de l'éducation des enfants, de la jeune fille en particulier, des travaux domestiques et de la surveillance des animaux.

Bien que musulmane depuis longtemps, la femme touarègue méprise royalement la polygamie. Elle met à profit le statut que lui confère la société pour imposer la monogamie. Pour elle, si l'Islam tolère jusqu'à quatre (4) épouses, il ne contraint par contre aucun mari à être polygame.

D'autre part, la femme touarègue est si adulée que la poésie lui est essentiellement dédiée. Elle y est décrétée comme un être chérissable, mystérieux, énigmatique à conquérir. Elle est autant appréciée pour ses qualités spirituelles, pour son intelligence et sa vivacité d'esprit que pour sa grâce féminine. Consciente de son importance et du mythe qui l'entoure, elle a su exploiter en sa faveur les réalités socioculturelles et historiques de son milieu. Elle est par ce fait, en position de force pour exiger et obtenir ce qu'elle veut. Cela est d'autant plus facile, car elle dispose d'une certaine autonomie sur le plan économique que lui confère le droit à la propriété.
Extraits de « Le statut privilégié de la femme touarègue et son évolution actuelle. Survie d'un matriarcat » de Faiza SEDDIK

A nous revoir…

CHAPITRE 6 : UN CHOC !

DEAR FATHER

Une déflagration. Une onde de choc. Une gifle en plein visage, trois jets en l'espace d'une seconde, voilà ce que j'ai ressenti lorsque j'ai appris ton hospitalisation d'urgence. Mon cerveau a assimilé l'information si vite, au téléphone, que j'ai eu l'impression de me transformer en pieuvre pendant les minutes qui ont suivi. Une main qui prend clés et sac, le portable collé à l'oreille, l'autre main pour mettre mes chaussures, et les ordres rapides pour dire à mon fils de se préparer aussi.

J'ai reçu un coup de poing dans l'estomac, j'ai eu le souffle coupé, j'ai eu mal au cœur, à l'âme et j'ai retenu mes larmes. T'aimer, c'est une évidence.

Même si on ne se le dit pas, qu'on ne se le montre pas.

Tu es mon papa, un père présent, de la vieille école, avec des principes à l'ancienne, des valeurs. Avec des défauts aussi, tu es rancunier, râleur, souvent têtu, mais tu es si franc, si généreux, si fiable, si solide. Tu es un homme comme on n'en fait plus.
Solide, c'est le mot. Je te voyais solide comme un roc, inébranlable. Et j'ai réalisé que je n'étais vraiment pas préparée à te voir fragile, diminué, sans forces.

J'ai compris alors toute la force de notre lien, tout l'amour qui me lie à toi, même si ces mots, on les garde au fond de soi. Ta pudeur, ta retenue, ta brusquerie parfois, c'est ainsi, c'est toi, je ne t'en veux pas.
Je n'ai pas eu besoin de cette épreuve difficile pour réaliser à que point je t'aime et la chance que j'ai de t'avoir pour père. Non ce n'est pas ça. J'ai juste compris que j'avais terriblement besoin de toi, que tu étais un pilier dans ma vie, et je te croyais si intouchable que mon cœur de petite fille s'est mis à saigner, mes larmes à couler. Je n'étais plus une femme, une mère, je suis redevenue ta fille, une petite fille perdue, tout simplement. Et ton combat est devenu mon combat. Et le reste m'est devenu secondaire, plein de choses sont apparues tellement futiles, sans importance.

Je l'aimais tant, ce temps qu'il me restait à partager avec toi, ce temps qu'il nous reste ensemble. Mon essentiel a été menacé, notre cocon, notre tribu, toi, notre patriarche, notre point de repère.
Ils nous ont dit que tu avais eu de la chance, que cela aurait pu être bien pire, très grave, ils ont eu un excellent réflexe en t'amenant aussi vite à l'hôpital, de prendre cette alerte au sérieux, et que les séquelles étaient minimes compte tenu de l'importance du traumatisme. Rien que l'écrire me fait encore trembler, frissonner, j'en ai toujours les larmes aux yeux.

Nous avons envoyé toutes nos ondes positives pour que les résultats d'examens soient encourageants, pour que tu puisses sortir rapidement, pour que tu retrouves ton home sweet home, que tu te rétablisses. Tu as gagné cette première bataille, tu as pu quitter l'hôpital au bout de plusieurs jours. Diminué, fatigué, inquiet mais toujours debout, tenace avec cette rage de retrouver toutes tes forces, toute ta mobilité.
Je suis tellement fière de toi, de cette image de père, de mari, de grand-père, d'homme tout simplement que tu montres, que tu es. Malgré, je le sais, tes peurs, tes doutes, ta fatigue, ta frustration.

Tu es coriace, motivé, positif et ton impatience légendaire est ta force. Tu ne supportes pas l'inactivité alors je sais que tu es sur la bonne voie, celle de la guérison. En quelques jours déjà, quelques semaines, tu as fait tant de progrès. Te voir diminué, partiellement handicapé, n'ayons pas peur des mots, privé même juste un temps d'une partie de tes capacités, de ta mobilité, a été un véritable crève-cœur. Car on peut juste te soutenir, t'encourager mais cela demeure ton combat. Sur cette chienne d'épreuve, cette injustice. Il n'y a jamais de logique, de justice face à la maladie nous sommes tous égaux et vulnérables, la santé peut nous lâcher sans raison, sans préavis.

C'est une sacrée leçon de vie, d'humilité que d'y être confronté. Alors on suit tes efforts, tes progrès petit à petit et ils sont déjà si nombreux. Sans t'infantiliser, sans en faire trop. L'image du père reste, tu es resté debout, tu ne sombreras pas. Je crois que je sais aujourd'hui d'où je tiens cette force de caractère, cette pugnacité, cette volonté. Tu me l'as transmise.

Oui papa, je crois que c'est grâce à toi si aujourd'hui, j'ai moi aussi trouvé cette force de me battre contre la maladie et osé sauter le pas qui me semblait être un fossé infranchissable pour enfin être celle que je suis et faire ce que j'aime.
J'ai eu peur pendant des années de ne pas être à la hauteur de ta force, de tes attentes, je me suis sentie souvent incomprise face à ton pragmatisme, tes évidences. Maintenant je réalise que notre différence est notre force et plus je vieillis plus je me sens proche de l'homme que tu es et fière d'être ta fille.

Auteur inconnu

CHAPITRE 7 : STRON WOMAN

JUSTE HUMAINE

A STRONG WOMAN …

Je perds le sol petit à petit sous mes pieds, les mots me manquent pour décrire l'état dans lequel j'étais, j'ai peur de ne devoir forcer le trait par inadvertance.
Il m’est impossible d’exprimer toutes les sensations qui habitaient ma personne à voix haute.

A vrai dire, j'étais accablée par le poids de mes pensées à tel point que j'ai cru que tout allait s'écrouler autour de moi.

Outre le fait d'avoir subi ces jours pénibles, j'en avais marre d’avoir ce sourire simulé sur le visage, lassée de faire semblant comme si ma vie était rose, marre de paraître si forte pour au final souffrir discrètement.

N’ai-je pas le droit de m’effondrer, prendre du répit ?

Avec le temps, je réalise combien c'était dur d’être novice face à certaines épreuves de la vie tout en restant " STRONG ". Et oui, j'ai autant de cicatrices que de coups encaissés.

Réellement, le fait de constamment faire face aux problèmes et d’être obligée de tenir le coup m’étais familier, cette expérience a aiguisée mon instinct de survie.

Mes luttes ont laissées des traces énormes en moi et je me demandais combien de temps encore je vais pouvoir continuer ainsi, dans cette routine au lendemain meilleur incertain.

<<Les femmes " ALPHA" sont fortes et peuvent tout encaisser>> dirait l'autre, n’est-ce pas ?

Peut-être que oui, mais est-ce que "l'autre" prend le temps de penser à ce qui se passe dans sa tête, prend en compte ses ressentiments ?

Est-ce que "l'autre" est une personne consciente des efforts de cette nana pour supporter le poids qu'engendre sa féminité et ses remords ?

Tout à coup, j’en avais marre de jouer la comédie, tout ce que je voulais, c'était être moi.

Aux yeux du monde je paraissais si forte, mais intérieurement mon corps était épuisé et mon esprit fatigué. En réalité, ceux/celles qui prenaient le temps de gratter un peu en dessous de la surface et de bien lire entre les lignes s'en apercevaient sans doute.

Je n'ai jamais choisi d'être forte, mais la vie m'y a contrainte, m'a forgée.
J'ai dû serrer les poings pour affronter les démons d'idées pessimistes qui m'hantaient au lieu de les fuir, tenir tête à mes cauchemars.
Pendant un moment, j'avais si peur que je me suis figée, j'avais si peur que je ne pouvais plus bouger, je m'efforçais à le faire malgré tout car c'était soit me battre pour survivre, soit subir un profond affaissement.

Pour cela, j'ai dû choisir de me relever, je me suis donc proposée deux options à savoir : tourner la page définitivement ou la déchirer tout simplement.

Jusqu'où cet état de neurasthénie m'a menée ?

Même si je n'étais pas prête pour une autre bataille, croyez-moi, je n'ai jamais baissé les bras jusqu'au point de croire qu'une éventuelle fin se dessinait. Au contraire, j'ai vite compris que la vie est une suite de combats répétitifs.

Où vais-je puiser assez de force pour n'enchainer que victoires ?
Comment vais-je trouver le courage d'encore une fois faire semblant de sourire, alors que tout ce que j'aimerais faire, c'est ramper jusqu'à mon lit et pleurer ?

Les autres m'ont toujours considérées comme quelqu'un d'intrépide, infaillible et imperturbable. Selon moi, j'ai toujours été surcotée par mon entourage en quelque sorte.

Les autres étaient toujours sûrs que je résoudrais n'importe quel problème qui se présenterait. En plus de cela, ils me faisaient plus confiance que moi-même, me croyaient si forte que personne ne voyait la bataille que je menais en moi, rares sont ceux qui ont su que mon âme était fatiguée et que je souffrais en silence, je n'ai d'ailleurs laissé personne s'en apercevoir volontiers.

En toute franchise, j'ai vécu toute ma vie de manière indépendante et m'auto-guérissais sans crier au secours. A l'époque, je pensais que je n'avais pas besoin de renforts, mais en réalité, un coup de pouce, c'est tout ce qui me fallait.

C'était évident que je ne pouvais pas tout faire toute seule et je ne le peux toujours pas. Par conséquent, j'ai réalisé combien j'étais introvertie et qu'au rythme des événements, je risquais d'atteindre mon point de rupture, sombrer dans une sorte de dépression. Oui, nous avons tous besoin de soutien ne serait-ce que moral même si mendier l'attention des autres est un mauvais vice, rend parasite, elle est néanmoins nécessaire dans les moments de faiblesses où nous ne voyons aucune issue favorable.
Nous avons tous besoin d'entendre des paroles encourageantes et de recevoir une tape dans le dos s'il le faut vraiment.
Je n'ai jamais voulu demander d'aide à personne. Au début, je pensais que c'était un signe de faiblesse.
Mais maintenant que je suis à bord de craquer, je comprends qu'il n'est jamais honteux de demander de l'aide quand on en a besoin.

De plus, votre grandeur et votre force se manifestent vraiment quand vous savez que vous ne pouvez plus continuer seul et que vous êtes prêt à accepter l'aide qui vous est offerte.

A partir de là, vous pourrez vous considérer comme un vrai vainqueur.

Peu importe à quel point je paraissais forte, à la fin de la journée, j'aurais voulu que quelqu'un me prenne dans ses bras et me serre fort.

Je n'avais besoin ni d'aide financière, ni d'apport physique car j'ai toujours voulu voler de mes propres ailes, malgré les périodes de vaches maigres et j'arrivais toujours à trouver une solution pour faire quelque chose que je veux faire par moi-même.

En dépit de cela, tout le monde a besoin de soutien émotionnel, de quelqu'un qui, dans les moments de détresses et de doutes te dis que tout ira bien, qui te fais croire à un avenir brillant, il n'y a aucune honte à cela. En effet, nous avons tous besoin d'avoir quelqu'un qui sera là pour nous quand on en a besoin.

Nous ne pouvons pas marcher à travers la vie toujours tout seuls, et même si l'on y est obligé, si nous choisissons de le faire, alors ce n'est pas une vie qui vaut la peine d'être vécue.

C'est normal de se sentir faible de temps en temps.

C'est bien d'être solide pour les autres, mais il faut pouvoir s'accorder un peu de répit.

Quand j'étais à l'école et qu'on me demandait ce que je voulais faire plus tard, je répondais toujours que ce que je voulais c'était sauver le monde…

SAUVER LE MONDE DOIT BIEN COMMENCER QUELQUE PART…

On tente de jouer au super héros
Avec l’entreprise familiale
Pour se faire croire qu'on la maîtrise.
On se laisse pousser des ailes comme
Des électrons libres.

CHAPITRE 8 : Oui, nous le sommes ...

FIERS, NOUS LE SOMMES D'AVOIR CRÉÉ UN CENTRE CULTUREL DÉNOMMÉ Centre Culturel Tumast ...

DÉNOMMÉ Centre Culturel Tumast

(Le seul dans la sous - région qui est couvert par la propriété intellectuelle)
QU'ILS PLAISENT OU PAS AUX DÉTRACTEURS

Les initiateurs de la Coopspcmit/Tumast & du centre culturel Tumast de Bamako restent positifs quelques soient les coups bas des uns et des autres et son centre résistera aux attaques de certains aborigènes de mauvais augure à la recherche de son déclin et d'un certain leadership.
Mais, vu le but et les objectifs assignés, nous restons toujours optimistes et attachés à nos objectifs, raison pour laquelle, nous restons figer à nos idéaux premiers (2007) avant, durant et après toutes les arnaques, égocentrisme et mauvaises presses.

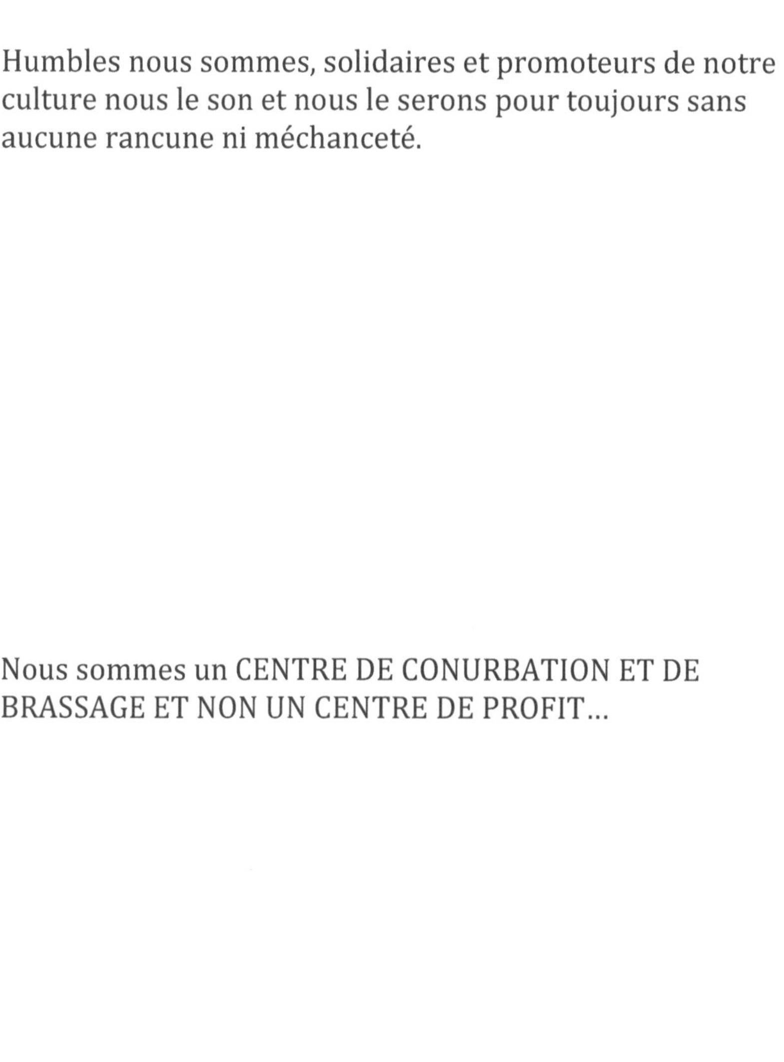

Humbles nous sommes, solidaires et promoteurs de notre culture nous le son et nous le serons pour toujours sans aucune rancune ni méchanceté.

Nous sommes un CENTRE DE CONURBATION ET DE BRASSAGE ET NON UN CENTRE DE PROFIT...

Le Centre Culturel Tumast a pour objectif d'être au plus près des maliens, aussi bien à travers sa programmation artistique que par l'accueil réservé au public.

Nous sommes une entreprise spécialisée dans l'événementiel, nous organisons des cérémonies de mariage, de baptême, d'anniversaire, de conférence etc...

Pour tous types d'événements le centre culturel Tumast s'y prête à la perfection car le cadre est intimiste, majestueux et inoubliable.

Nous mettons à votre service notre savoir-faire ...

CHAPITRE 9 : MON AMOUR...

Papa, tu étais mon repère,
Tu es celui à qui je m'identifiais le plus ...
Le beau miroir dans lequel je regardais mon reflet
Et maintenant que tu es partie, ma vie est si amère et tellement si vide de sens sans toi que je la sens dans mon âme...

Quand je ferme les yeux, quand je fais une rétrospective
l'image de toi est tout ce que je vois et tout ce qui me hante…

Tu hante mes jours et mes nuits, tu es constamment dans mes pensées mais j'essaie de paraître forte comme je l'ai toujours été, je n'ai pas le choix.

Je n'ai jamais su que tu nous quitterais si soudainement, je te pensais immortelle, limite invincible.

Tu étais mon plus grand fan, je ne l'oublie pas et surtout tu étais mon plus grand modèle…

Nous nous sentons toujours si fiers de toi, de tes projets, de tes réalisations et de ton qui reste gravé dans les mémoires pour l'éternité, nous nous émerveillons de tout ce que tu étais et de tout ce que tu as accompli jusque-là.

L'amour laisse un souvenir que personne ne peut voler, la mort elle laisse un souvenir que personne ne pourra jamais guérir, elle est indélébile.

L’homme que tu étais, nous sommes fiers de lui, nous sommes fiers de t’avoir eu comme père.

Tu étais un homme de paix, d'honneur et de dignité.

Que le Seigneur tout-puissant accorde à ton âme paisible et douce le repos dans sa vigne.

TA FILLE ...

FIN

Sommaire

Printed by Books on Demand GmbH, Norderstedt / Germany